AF394075

Analyse de l'œuvre

Par Natalia Torres Behar

La Mort à Venise

de Thomas Mann

lePetitLittéraire.fr

Rendez-vous sur lepetitlitteraire.fr et découvrez :

Plus de 1200 analyses
Claires et synthétiques
Téléchargeables en 30 secondes
À imprimer chez soi

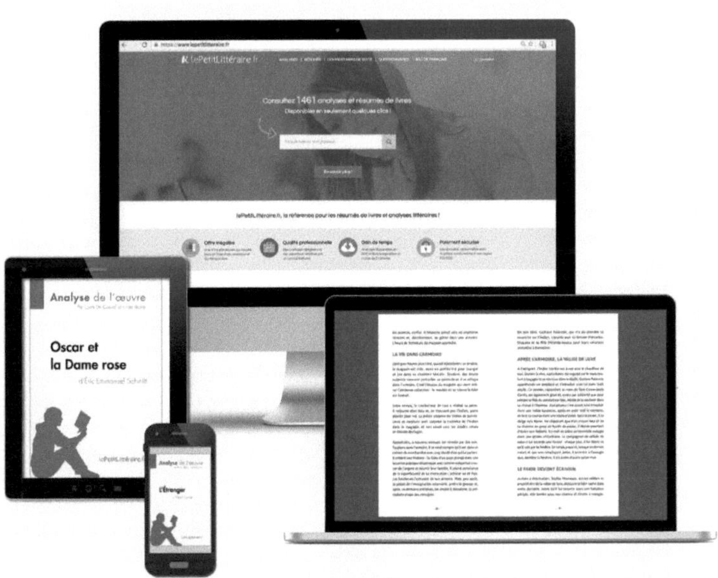

THOMAS MANN

ANALYSTE DE L'ÂME ALLEMANDE

- **Né en 1875 à Lübeck (Empire allemand)**
- **Décédé en 1955 à Zurich (Suisse)**
- **Prix littéraires :**
  - Prix Nobel de littérature (1929)
  - Prix Goethe (1949)
- **Fonctions et distinctions :**
  - Membre de l'Académie américaine des arts et des lettres
  - Membre de l'Académie des arts de Berlin
  - Membre de l'Académie américaine des arts et des sciences
- **Quelques-unes de ses œuvres :**
  - *Les Buddenbrook* (1901), roman
  - *La Montage magique* (1924), roman
  - *Joseph et ses frères* (1933-1943), tétralogie
  - *Le Docteur Faustus* (1947), roman

Thomas Mann nait le 6 juin 1875 à Lübeck, dans l'Empire allemand nouvellement constitué, au sein d'une famille d'industriels fortunés. D'un père allemand et d'une mère brésilienne d'origine allemande, portugaise et indienne, le jeune Mann ne brille pas particulièrement pendant ses études et n'obtient pas son baccalauréat. Il est toutefois attiré par la littérature dès son plus jeune âge et dévore les ouvrages de philosophie allemande, ce qui influencera son œuvre de façon notable. À l'adolescence, Mann se découvre une attirance pour les hommes qu'il sublimera tout au long de son œuvre. Il assiste, en tant qu'auditeur, à des cours à l'université portant sur la littérature, la mythologie, l'économie, l'esthétique et l'histoire et découvre l'Italie avec son frère ainé, Heinrich, en 1895. C'est d'ailleurs durant son séjour là-bas qu'il écrit son premier roman *Les Buddenbrook*, publié en 1901 et qui le fera rapidement rencontrer les sommités de la littérature européenne. Sa renommée grandit vite et il devient l'une des figures centrales des lettres du XXe siècle.

En 1904, Thomas Mann épouse la fille d'un mathématicien juif. Ils auront six enfants. Les scandales familiaux ne se ressentent qu'à peine dans ses écrits personnels. Pourtant, la tragédie, au même titre que les arts et le libertinage, rythme toute sa vie de famille. Deux de ses sœurs et deux de ses enfants (Klaus, romancier et Michel, musicien) mettent en effet fin à leurs jours. Deux de ses descendants, Klaus et Erika, choisissent eux aussi le domaine des lettres. Ils sont également homosexuels et se marient dans le déni avec l'acteur homosexuel Gustaf Gründgens (qui quittera Erika) et Pamela Wedekind (fiancée de longue date de Klaus), bien avant la révolution sexuelle des années 1960.

En 1933, le nazisme et l'ascension au pouvoir d'Hitler, dont Mann est un détracteur assumé, élu chancelier d'Allemagne, le poussent à l'exil. Il quitte l'Europe pour les États-Unis après avoir vécu quelques temps en Suisse (pays où il rejoint la sphère intellectuelle depuis l'université de Princeton en 1938) et obtenu le prix Nobel de littérature en 1929. À la fin des années 1940 qui voient se développer le maccarthysme, Mann décide de rentrer en Suisse où il s'éteint en 1955.

L'œuvre de Thomas Mann constitue l'un des héritages les plus importants de la culture universelle allemande. Sa riche production littéraire comprend un bel éventail de styles, de l'essai au théâtre en passant par la narration brève, le roman et les textes autobiographiques. Mann est également un grand défenseur des droits des homosexuels ; il milite en leur faveur et défend la liberté sexuelle de chaque individu à la lumière de son courant de pensée libéral. Il serait impossible de comprendre la littérature européenne du XXe siècle sans l'apport fondamental de la plume et des idées de Thomas Mann.

LA MORT À VENISE

- **Genre :** roman psychologique
- **Édition de référence :** *La Mort à Venise*, Paris, République des Lettres, 2014, 110 p.
- **Première édition :** 1912
- **Thématiques :** voyage, mort, jeunesse et vieillesse

La Mort à Venise est l'un des nombreux romans courts écrits par Thomas Mann depuis la publication de son premier ouvrage en 1901. Le roman, publié en 1912, raconte l'histoire d'un éminent écrivain allemand dans la cinquantaine qui, lors d'un voyage à Venise, se libère des conventions et tombe sous le charme d'un jeune Polonais appelé Tadzio qui l'obsède par sa beauté. Étant donné qu'il ne lui adresse jamais la parole et n'ose pas le toucher, l'intellectuel s'enfonce dans une passion profonde pour l'image du jeune homme, une obsession qui le mènera à sa perte. Entretemps, Venise et l'écrivain se retrouvent pris dans une épidémie de choléra asiatique et succombent. Malgré sa brièveté, *La Mort à Venise* est devenu l'un des textes les plus renommés de l'auteur et s'est vu plusieurs fois adapté au cinéma et à l'opéra.

La Mort à Venise a fait l'objet de vives polémiques en raison de son caractère homoérotique marqué. Certains ont souhaité y voir l'apologie autobiographique des perversions de Mann et une exaltation de la pédophilie. Pourtant, réduire cette œuvre à cette simple lecture la priverait des nombreuses interprétations que peut susciter son inquiétante lecture.

INSPIRÉ DE FAITS RÉELS

La Mort à Venise est inspirée d'une véritable visite de Venise de Thomas Mann et son épouse. Le couple loge alors dans le même hôtel que celui du personnage du récit et l'écrivain connait apparemment lui aussi une attirance pour un jeune Polonais prénommé Tadzio. Mann n'ose toutefois pas suivre le jeune homme dans la ville, contrairement à Aschenbach dans le roman.

RÉSUMÉ

ASCHENBACH ET LA FUITE À VENISE

Le personnage principal de *La Mort à Venise* s'appelle Gustav von Aschenbach, écrivain cinquantenaire reconnu et récemment anobli pour ses mérites artistiques (d'où le « von » de son nom de famille). Chez cet homme d'une discipline de fer entièrement dévoué à son art, le sens des responsabilités et la réserve frisent la sévérité et l'on dit de lui qu'il a vieilli trop vite. Au début de l'histoire, il se promène aux alentours d'un cimetière et rencontre un voyageur étranger aux cheveux roux qui le dévisage presqu'agressivement. L'écrivain s'en éloigne alors, confus et partagé entre une curiosité stimulante et une sorte de honte. Un désir de voyage l'envahit soudainement. Il a alors une vision, une sorte de rêverie, où il pénètre dans un marais tropical où cohabitent un monde sauvage, une profusion végétale et exotique et de nombreux dangers qui renforcent la valeur de l'aventure. Peu de temps après sa rencontre avec cet homme étrange, il décide de prendre des vacances.

Après une arrivée compliquée à Pula, sur la côte de l'Empire austro-hongrois, l'écrivain confie que son « destin » est de voyager de nouveau, vers Venise cette fois, et de loger au Grand Hôtel des Bains au Lido, une ile vénitienne. Durant son trajet en bateau jusqu'à l'ile, il assiste à une discussion entre un joyeux groupe de jeunes de Pula et un vieillard qui souhaite intégrer leur bande. Le curieux personnage cherche à créer l'illusion de la jeunesse, coiffé d'une perruque, portant un dentier impeccable et vêtu d'un costume qu'il pense jeunet, mais qui est en réalité vieux et passé de mode. Aschenbach est horrifié par la fausse candeur du vieil homme et sa nécessité immature d'intégrer le groupe de jeunes. Le vieillard finit le voyage complètement saoul et se couvre de ridicule. En arrivant dans la ville, l'écrivain fait la rencontre déplaisante d'un gondolier illégal, un autre étranger à la chevelure rousse et au visage cadavérique, qui le conduit avec brutalité à travers les canaux de la ravissante ville italienne. Lorsqu'Aschenbach lui demande de le ramener à l'embarcadère des vaporettos, le gondolier suspect ne cesse de lui répéter qu'il est parfaitement capable de le guider partout dans la ville. Malgré l'étrange comportement du gondolier, Aschenbach succombe rapidement à l'enchantement du voyage et se laisse guider sur les canaux de la ville.

ASCHENBACH ET LA RENCONTRE AVEC TADZIO

Après avoir considéré ces curieuses rencontres et s'être installé à l'hôtel, le prestigieux érudit allemand remarque, lors du diner, une famille polonaise qui attire beaucoup son attention. Parmi eux se trouve un jeune adolescent d'environ 14 ans, vêtu d'un costume de marin. L'écrivain, surpris, réalise qu'il trouve le jeune garçon extrêmement beau : il incarne les canons de beauté hellénistiques et lui rappelle les traits des magnifiques statues de l'Antiquité grecque. Ses sœurs ainées, en revanche, ressemblent à des nonnes vu la sévérité de leurs habits. Très rapidement, le jeune garçon se change en véritable obsession pour l'écrivain qui, après avoir entendu que celui-ci s'appelait Tadzio en l'espionnant à la plage, décide qu'il l'intéresse pour des raisons purement artistiques et esthétiques.

La chaleur et l'humidité du climat vénitien affectent rapidement la santé de l'écrivain vieillissant qui souffre déjà de l'effet nocif de la ville. Aschenbach décide donc de partir plus tôt que prévu et d'aller s'installer dans un lieu plus propice à son bien-être. Venise, avec ses eaux nauséabondes, semble vouloir avertir l'écrivain des dangers qui l'attendent s'il décide de rester. Le lendemain toutefois, alors qu'il doit quitter la ville, Aschenbach aperçoit de nouveau Tadzio et est saisi de remords et d'un sentiment puissant de culpabilité. Lorsqu'il arrive à la gare, il se rend compte que ses bagages ont été envoyés ailleurs par erreur. Il fait mine d'être agacé mais réalise, dans le fond, qu'il est ravi de pouvoir rester dans la ville, proche de ce magnifique garçon polonais. Il décide donc de ne pas quitter Venise jusqu'à ce que ses bagages reviennent et retourne à l'hôtel. Il ne parviendra finalement jamais à s'en aller, bien trop fasciné par Tadzio.

UNE OBSESSION AUSSI SOMBRE QUE LA MALADIE

Les semaines qui suivent, l'intérêt de l'écrivain pour le jeune garçon blond se change peu à peu en obsession. Il l'observe constamment et le suit en secret dans la ville. Aschenbach tente de se persuader que leurs rencontres dans les rues de Venise sont uniquement le fruit du hasard mais la vérité est toute autre : il poursuit désespérément Tadzio et ses sœurs dans chaque recoin de la ville. Celles-ci commencent d'ailleurs à soupçonner ses intentions. Une nuit, le jeune Polonais récompense son obsession d'un sourire candide tel Narcisse perdu dans la contemplation de son propre reflet. Déconcerté, Aschenbach sort de l'hôtel et se retrouve dans le jardin, seul, entouré de plantes et comprend que son intérêt pour le jeune garçon n'a rien à voir avec l'art, il est bien plus profond : Aschenbach est amoureux de Tadzio.

L'écrivain décide ensuite de déménager du Lido à Venise où il apprend des nouvelles discrètement étouffées par le Département de la Santé à propos du risque de contagion d'une maladie encore inconnue qui pourrait se répandre suite à la consommation de fruits de mer. Aschenbach sent une forte odeur inconnue dans chaque recoin de la ville et ne comprend que plus tard qu'il s'agissait de désinfectant. Cependant, les autorités et les autochtones nient la gravité de la contagion et les touristes continuent de déambuler dans la ville, perdus dans la contemplation de cette merveilleuse ville, sans se rendre compte de quoi que ce soit.

Au début, Aschenbach ignore le danger parce que d'une certaine façon, il aime penser la maladie cachée par la ville comme l'équivalent de sa propre passion obscure pour Tadzio. C'est après avoir compris cela que l'écrivain rencontre un troisième homme aux cheveux roux, tout aussi grossier que les deux précédents. Cette fois-ci, l'homme fait partie d'une troupe de musiciens de rue qui se produit à l'hôtel pour le plaisir des clients. L'écrivain écoute les chansons qui l'auraient répugné de par leur vulgarité et leur grossièreté s'il les avait entendues du temps de sa vie en Allemagne. Il ne cesse d'observer Tadzio qui assiste lui aussi à la scandaleuse prestation. Le jeune garçon lui rend brièvement son regard, faisant grandir en Aschenbach l'espoir d'une attirance mutuelle. Lorsque le musicien obscène s'approche de l'écrivain, celui-ci se rend compte que l'homme exhale la même odeur, désormais familière, que celle qu'il a sentie dans les rues de Venise.

UN CORPS MALADE DE BEAUTÉ

L'écrivain retrouve son respect et décide d'enquêter sur les nouvelles mystérieuses concernant la maladie qui se répand dans la ville. Après avoir entendu plusieurs fois qu'il ne devrait se préoccuper que du sirocco, il rencontre un employé d'une agence de voyages britannique qui, guidé par l'honneur de ses origines, lui confie qu'une épidémie de choléra originaire d'Asie fait rage à Venise et qu'il met sa vie en danger en restant dans la ville. À ce moment-là, Aschenbach fait face à une dichotomie d'ordre moral : s'il avertit la mère de Tadzio des dangers de rester à Venise, il agit avec éthique et au bénéfice de l'objet de son admiration, mais, ce faisant, pousse le jeune garçon à quitter immédiatement la ville et disparaitre à tout jamais de sa vie. L'écrivain prend la décision de ne pas révéler la vérité et de rester dans la ville, plongé dans la contemplation du beau Polonais.

Alors qu'il a passé sa vie à privilégier la raison et l'intelligence, Aschenbach commence à se préoccuper de son visage et de son corps vieillissant. Dans une tentative d'être plus séduisant, il se rend chez le coiffeur de l'hôtel qui le persuade de faire une couleur pour redonner à ses cheveux blancs leur couleur noire d'origine et de se laisser maquiller pour paraitre plus jeune. Ainsi pomponné, le coiffeur lui assure qu'il est prêt à séduire. Même s'il ne le mentionne pas, Aschenbach est devenu, sans s'en rendre compte, une réplique du vieillard du bateau qui le mena à Venise qui le répugnait tant. Sous sa nouvelle apparence, l'écrivain se lance à la recherche de Tadzio dans les rues de Venise, accablé par la chaleur extrême qui sévit tout au long de la narration et durant les visites précédentes de la ville italienne. Ayant perdu les traces du jeune éphèbe dans les ruelles vénitiennes, il se trouve tout à coup épuisé et assoiffé. Il s'achète quelques fraises pourries qu'il engloutit sans un regard avant de s'asseoir pour se reposer sur une place peu fréquentée. Au milieu des ruines, noyé dans les souvenirs de l'idéal platonicien de beauté et du dialogue *Phédon* du philosophe grec, Aschenbach perd toute sa dignité, autrefois formidable mais immédiatement abandonnée à la première vue du fragile et magnifique Tadzio.

Quelques jours plus tard, l'écrivain erre, malade et faible, dans le hall de son hôtel et découvre que la famille polonaise a prévu de partir après le déjeuner. Il se dirige donc vers la plage et s'installe sur la chaise longue depuis laquelle il n'a eu de cesse d'observer le jeune garçon depuis son arrivée. Tadzio est là, face à la mer, laissé sans surveillance par sa mère, son institutrice et ses sœurs, jouant avec les amis qu'il s'est fait et un garçon qui ne le quitte jamais, Jaschou. Une bagarre éclate soudainement entre les deux garçons et Tadzio est rapidement battu par Jaschou qui le laisse dans l'eau, trempé. Après avoir récupéré des forces, Tadzio abandonne ses compagnons de jeu qui l'appellent. Tadzio s'avance dans l'eau et contemple le large puis tourne la tête pour croiser le regard de son admirateur qui n'a eu de cesse de le regarder. Pour Aschenbach, ce regard signifie la réciprocité de son attirance, une invitation à suivre le jeune garçon. Il tente alors de se lever pour s'approcher mais tombe de sa chaise. Quelques minutes plus tard, son cadavre est découvert. Le jour même, la triste nouvelle de la mort de l'écrivain de renom fait le tour du monde dans l'ignorance la plus totale du bouleversement qu'ont connu ses pensées les jours précédant sa mort.

ADAPTATION

En 1972 *La Mort à Venise* se voit adapté au cinéma, dans un film réalisé par l'éminent Luchino Visconti. Ce film est l'un de ses derniers et est considéré comme l'une de ses plus grandes œuvres. Nominé pour l'Oscar des meilleurs costumes, le film participe à la renaissance de l'intérêt du public pour l'œuvre de Mann. C'est Dirk Bogarde qui interprète Aschenbach et Björn Andrésen, alors âgé de 17 ans, qui joue le rôle complexe de Tadzio qui le mènera à la gloire.

ÉTUDE DES PERSONNAGES

GUSTAV VON ASCHENBACH

Cet éminent écrivain allemand présente de fortes ressemblances avec Mann lui-même. Fils d'un père allemand et d'une mère bohémienne, Aschenbach constitue un mélange unique qui lui confère, d'un côté, une discipline de fer qui frise l'obsession et de l'autre, la sensualité nécessaire à la recherche de la perfection artistique. Las et vieilli avant l'heure par le dur labeur de sa rigueur littéraire, l'écrivain cherche à sortir de la routine qui consume ses jours depuis tant d'années et trouve une échappatoire dans le voyage. Au début, son œuvre est perçue comme une prose transgressive qui attaque violemment les canons littéraires en vigueur. Au fil du temps, cependant, elle se change en une lecture obligée pour tous les collégiens allemands, suivant l'évolution de la plume de l'auteur qui ne se soucie guère de passer de rebelle à lauréat. Au début du roman, il se trouve face à un blocage créatif. Néanmoins, dès son arrivée à Venise et sa rencontre idyllique avec Tadzio, l'inspiration tant attendue revient, éveillant par ailleurs une obsession perverse qui le mènera à la trahison de son ancien lui et finira par causer sa perte.

TADZIO

Le jeune Polonais est l'objet de la providence créatrice mais également de la ruine d'Aschenbach. Tadzio, cadet d'une famille stricte menée par une mère élégante, toujours accompagné de ses sœurs sobrement vêtues comme des nonnes, jouit d'une beauté particulière au sein de sa famille. Svelte, il a les cheveux longs et blonds et semble si chétif et d'une blancheur presque diaphane que l'écrivain n'ose même pas le toucher. L'auteur lui prédit d'ailleurs une mort jeune parce qu'il le décrit comme malade et maladif : l'émail de ses dents ne renvoie par exemple par à l'image d'une santé juvénile. Sa voix est douce et il a l'air heureux lorsqu'il est entouré des siens. Il se montre toutefois très timide lorsqu'il est en présence d'étrangers et instaure un étrange jeu de regards avec son admirateur plus âgé. Il est également irascible et s'emporte facilement, mais sa légèreté d'esprit lui permet d'oublier rapidement sa colère, comme lorsqu'il est soudainement envahi par la haine à la vue d'une famille russe qui s'amuse à la plage.

JASCHOU

C'est le meilleur ami de Tadzio à l'hôtel. Il idolâtre le jeune Polonais et se comporte comme son vassal. C'est l'exact opposé de Tadzio : robuste et bruyant, à la chevelure d'un noir éclatant.

CARACTÉRISTIQUES DE L'ŒUVRE

GENRE

La Mort à Venise pourrait être considéré comme un roman psychologique, un genre littéraire qui souligne la personnalité interne du personnage principal ainsi que ses motivations et les conséquences et actions causées par les événements extérieurs. En ce sens, les narrations à caractère psychologique ne se limitent pas à décrire ce qu'il se passe mais approfondissent les raisons pour lesquelles les motivations internes du personnage influencent l'action extérieure. Au sein de ce genre, les personnages et leur personnalité sont donc nécessaires à la bonne compréhension du noyau du texte et l'accent est mis sur les processus mentaux et les sentiments. Il est possible de décrire le roman psychologique comme le roman de l'homme intérieur étant donné qu'il repose sur l'individu, ses pensées, ses sentiments et sa façon d'agir. Parfois, même si ce n'est pas le cas ici, le genre emploie des procédés de narration littéraire comme le courant de conscience ou le monologue intérieur pour analyser, de manière presque scientifique, les motivations qui régissent le comportement humain.

Dans ce sens, l'action de *La Mort à Venise* ne se déroule pas tant à Venise qu'en Aschenbach lui-même, en visite à Venise. Tout ce dont le lecteur est témoin lui vient directement du regard de l'écrivain allemand. En vertu de cela, la réalité extérieure n'est pas aussi pertinente que la perception de cette réalité à la lumière de celui qui la perçoit. En d'autres termes, il n'est pas possible de tenir pour acquis que tout ce qu'il se passe au cours du roman arrive dans la réalité. Les événements pourraient en effet être le fruit de l'imagination de l'écrivain ou se voir affectés par le filtre à travers lequel le personnage perçoit le monde extérieur. Étant donné que les pensées et les sentiments des autres personnages du roman nous sont inconnus, nous sommes obligés de nous fier au seul point de vue d'Aschenbach, ce qui entraine plusieurs interrogations concernant le déroulement de l'histoire. Tadzio participe-t-il réellement à un quelconque jeu de regards avec Aschenbach ? L'écrivain rencontre-t-il vraiment ces étranges personnages roux du début à la fin de l'ouvrage ? Venise est-elle effectivement comme décrite dans le roman ou renvoie-t-elle à la perception erronée d'Aschenbach, trompé par la fièvre et l'obsession qui l'habitent ?

STRUCTURE

La Mort à Venise se divise en cinq chapitres courts. Chacun d'entre eux possède une fonction spécifique dans le déroulement du récit et traite exclusivement des faits qu'il doit aborder. Ainsi, le premier chapitre correspond aux évènements qui éveillent l'envie de voyager en Aschenbach, la nécessité de sortir de la routine et de son existence stricte. Il dépeint en outre le tableau de l'étrange rencontre avec le vagabond agressif aux cheveux roux, un archétype qui aura plusieurs échos tout au long de la narration, devenant de fait un puissant élément symbolique de l'histoire.

Le deuxième chapitre délaisse momentanément la narration pour décrire aussi extensivement et rigoureusement que possible la personnalité géniale de l'écrivain allemand. Il nous présente l'ascendance d'Aschenbach, sa vision de l'esthétique, ses réflexions sur le travail d'écriture et la routine méthodique qui dicte ses journées.

Le troisième chapitre narre les détails de son arrivée à Venise. Il relate entre autres les rencontres d'Aschenbach avec le vieillard sur le bateau et le gondolier de la ville. Nous y faisons également la connaissance du jeune Tadzio, l'éphèbe envoûtant qui le mènera, sans qu'il s'en rende compte, à sa perte. Dans ce chapitre, l'écrivain, qui apparait vieilli, décide aussi de rester en ville pour pouvoir contempler Tadzio alors même qu'il est déjà conscient de l'effet nuisible de la ville sur sa santé.

Le quatrième chapitre décrit la façon dont l'intérêt d'Aschenbach pour le jeune Polonais se change en obsession, en un jeu de filatures et de regards qui s'achève sur la récompense d'un sourire de Tadzio.

Le cinquième et dernier chapitre présente l'aboutissement du récit : la mauvaise santé d'Aschenbach, le choléra qui rôde dans les rues de Venise et la défaite de Tadzio lors d'une bagarre avec Jaschou avant de quitter la ville. C'est également le moment où la glorieuse morale qui dictait la vie du vieil écrivain disparait totalement et où il accepte la maladie et la mort afin de se consacrer pleinement à l'élévation spirituelle générée par la contemplation du jeune Polonais.

LES RÉFÉRENCES LITTÉRAIRES, PHILOSOPHIQUES ET MYTHOLOGIQUES

Thomas Mann pense *La Mort à Venise* comme un riche tapis dont les fils entrelacés sont tant de références à la mythologie grecque et à la philosophie platonicienne et allemande. Le récit regorge de renvois à l'*Éros* de Platon et ses dialogues et il est possible, en lisant entre les lignes, de noter une référence à *La Naissance de la tragédie* de Nietzsche, un ouvrage du XIXe siècle qui joua un rôle majeur dans l'évolution de la pensée allemande et européenne de l'époque et qui, encore aujourd'hui, constitue l'un des chefs d'œuvre de la philosophie.

D'après le philosophe allemand, l'apollinien et le dionysiaque sont en déséquilibre constant chez Aschenbach : la rigueur intellectuelle a sublimé sa vie et la pratique créative a mis en exergue l'apollinien, lui permettant de laisser de côté ses pulsions dionysiaques. Celles-ci vont cependant s'échapper et s'accroitre lors de son arrivée à Venise et sa rencontre avec le beau Tadzio pour finalement exploser complètement, le menant sur la route de la décadence qui aboutira à sa mort.

MYTHOLOGIE GRECQUE

L'apollinien et le dionysiaque, deux concepts développés par Nietzsche dans son ouvrage *La Naissance de la tragédie*, font référence aux dieux de la mythologie grecque, Apollon et Dionysos. D'après Nietzsche, ces concepts représentent des forces opposées mais complémentaires : Apollon représente la beauté et le rationnel, l'équilibre et l'harmonie, alors que Dionysos, dieu du vin, renvoie à la fête, la terre, la sensualité défaite de toute contrainte et l'extase.

En ce qui concerne la philosophie platonicienne, il est impossible de nier l'influence de *Phédon* sur l'écrivain. Elle se ressent particulièrement vers la fin du récit, lorsqu'Aschenbach se souvient d'un long extrait de l'œuvre de philosophie grecque, déjà conscient qu'il a définitivement abandonné sa droiture et sa discipline. Dans le dialogue de Platon, Socrate parle de la beauté à Phédon quelques heures avant sa mort. Aschenbach trouve une sorte de réconfort dans l'idée que seules la beauté et la sensibilité mènent l'artiste au véritable esprit. Il est également assez troublant de voir que l'extrait dont se remémore Aschenbach au crépuscule de sa vie coïncide avec l'un des derniers passages du dialogue qui voit Socrate faire ses adieux au jeune Phédon.

ANALYSE DES THÈMES ET CLÉS DE LECTURE

LE VOYAGE

Le concept du voyage apparait dès les premières pages du récit. Suite à sa rencontre avec le premier des étranges hommes roux qu'il croisera au fil du récit, Aschenbach sent grandir en lui une irrésistible envie de voyager. L'écrivain a soudain une vision exotique, une rêverie éveillée où il imagine des paysages végétaux et pleins de vie mais aussi de dangers. Il voit des images qui se contredisent, entre un paradis naturel et les dangers que celui-ci renferme. Il décide donc d'entamer un voyage qui l'aidera à retrouver son inspiration créative qui semble avoir disparu après des années de recherches et de travail rigoureux et implacable. Il ne peut s'agir, d'après lui, d'un voyage quelconque comme celui qu'il entreprend chaque année pour se rendre dans sa maison à la montagne, mais d'une véritable excursion motivée par ses souvenirs et la nostalgie d'une jeunesse passée. Après avoir organisé une visite à Pula qui ne lui apporte pas la satisfaction escomptée, l'écrivain voyageur prend la direction de Venise, une ville voluptueuse, sensuelle et pleine de mystères. Ce voyage ne lui permettra non seulement de changer d'air et de découvrir de nouveaux endroits, mais aussi d'enclencher un changement profond en lui. Le voyage vers Venise représente aussi un voyage intérieur, un retour à lui-même pour mieux comprendre sa vraie nature.

La transformation et l'évolution personnelle d'Aschenbach au cours de son voyage constituent le cœur de l'intrigue de *La Mort à Venise* et marquent de son empreinte le déroulement de l'action qui débute dès sa sortie de la maison, renonçant sans le savoir à son passé et au chemin de droiture qu'il a suivi toute sa vie. Quelque chose en lui, une sorte de malaise vis-à-vis de sa vie actuelle, l'oblige à abandonner sa discipline de fer. Il constate qu'il lui manque quelque chose, peut-être de cet instinct qu'il a réprimé depuis tant d'années. Un mystère sommeille en lui et cherche à s'éveiller d'une façon qui diffère de la dédication spartiate à laquelle il s'est astreint tout au long de sa vie.

Ce malaise, ressenti dès le début du roman, se voit renforcé par la première rencontre étrange que fait Aschenbach et engendre des répercussions de plus en plus importantes à mesure que le récit progresse. Il est important de souligner cette scène qui renferme le sentiment d'où tout le bouleversement final découle :

> « C'était envie de voyager, rien de plus ; mais à vrai dire une envie passionnée, le prenant en coup de foudre, et s'exaltant jusqu'à l'hallucination. Son désir se faisait visionnaire, son imagination, qui n'avait point encore reposé depuis le travail du matin, inventait une illustration à chacune des mille merveilles, des mille horreurs de la terre, que d'un coup elle tâchait de se représenter » (MANN (T), *La Mort à Venise*, chapitre I)

Lorsque l'écrivain décide de voyager vers Venise, après une courte escale à Pula, les choses se compliquent de façon encore plus étrange. De la même façon que le voyageur entame son voyage personnel, tant extérieur qu'intérieur, le lecteur réalise que quelque chose se trame. Au début, en effet, Aschenbach relate la volonté d'un vieillard décadent d'oublier sa décrépitude en se déguisant en jeune homme afin d'intégrer un groupe de jeunes gens. L'image de cet individu le suivra tout au long du roman, elle lui reviendra lors de son installation à l'hôtel et aura un effet prémonitoire sur sa propre transformation.

À son arrivée à Venise, Aschenbach cherche un moyen de transport pour rejoindre le Lido et rencontre un autre personnage particulier : un gondolier grossier qui travaille illégalement. Au début, le voyageur se méfie de lui mais il finit par se laisser porter par l'envoûtement du voyage. Les images décrites lors de cette rencontre sont également très significatives : la gondole est décrite telle un cercueil et le gondolier rappelle Charon, le passeur qui faisait traverser les âmes des morts vers l'équivalent de l'enfer grec. L'écrivain lui-même laisse passer cette idée lors qu'il conclut que si le gondolier le mène jusqu'à Hadès, il le fait d'une façon qui lui convient. Nous ressentons alors une sorte de désir morbide de la part de l'intellectuel allemand, que nous analyserons un peu plus loin.

Le voyage d'Aschenbach semble arriver à son terme lorsqu'il rencontre Tadzio, le jeune Polonais qui fait naitre chez le vieil écrivain un sentiment qu'il n'avait jamais connu auparavant.

Le voyage intérieur d'Aschenbach et le déclin progressif qui mène à sa ruine débutent dès la première apparition du jeune garçon. Le charme puissant de Tadzio est la raison de la transformation d'Aschenbach, la cause de sa ruine. Il est le guide de l'aventure exubérante qu'il avait imaginée dans le cimetière : un périple exotique luxuriant, voluptueux et surtout, dangereux.

LA MORT

Ce thème est annoncé dès le titre du roman et est omniprésent tout au long du récit. Ce n'est pas un hasard si depuis la rencontre avec le premier étranger dans le cimetière, toutes celles qui suivent sont placées sous le signe de la mort. Lorsqu'Aschenbach fait la rencontre du vieillard sur le bateau, il est atterré par la vigueur que met l'homme à feindre une jeunesse pourtant révolue et à nier le passage des années qui conduit naturellement à la mort.

De la même façon, et comme nous l'avons mentionné plus tôt, le gondolier renvoie directement à la figure de Charon et met en exergue le désir de mourir du vieil écrivain :

« Qui ne serait pris d'un léger frisson et n'aurait à maîtriser une aversion, une appréhension secrète si c'est la première fois, ou au moins la première fois depuis longtemps, qu'il met le pied dans une gondole vénitienne ? Étrange embarcation [...] rappelle les silencieuses et criminelles aventures de nuits où l'on n'entend que le clapotis des eaux ; cela suggère l'idée de la mort elle-même, de corps transportés sur des civières, d'événements funèbres, d'un suprême et muet voyage » (MANN (T), *La Mort à Venise*, chapitre III)

Ce trajet sur les canaux vénitiens expose les dangers de la ville et prévoit la fin du voyage d'Aschenbach, à savoir, sa mort. Un peu plus tard, alors qu'il s'installe dans son hôtel, l'écrivain perçoit une odeur putride qu'il attribue aux eaux de la ville. Cette odeur sera l'un des nombreux signaux d'alarme qui se répéteront tout au long de l'histoire et que l'écrivain choisira d'ignorer, les uns après les autres. Venise semble le prévenir qu'elle sera son tombeau, mais Aschenbach préfère rester malgré les dangers, prisonnier de son obsession pour le jeune Tadzio.

Avec les mesures sanitaires et la menace d'un mal inconnu qui se propage à travers la ville, l'écrivain devrait choisir de fuir la sublime cité des Doges. Mais l'envoûtement provoqué par Tadzio est si fort qu'Aschenbach oublie tout simplement la maladie qui ronge les moindres recoins des canaux de la ville. Nous assistons alors à une nouvelle rencontre étrange, peut-être la plus violente de toutes : la visite du groupe des musiciens de rue menés par un chanteur grossier à l'hôtel où réside Aschenbach. En plus de montrer à quel point le voyage a transformé la façon de penser de l'écrivain, qui aurait auparavant rejeté la conduite vulgaire et obscène du chanteur, l'apparition de ce personnage sert d'ultime avertissement quant à la mort qui guette l'écrivain : le chanteur exhale une forte odeur de maladie, comme s'il était l'incarnation même du mal qui ronge la ville. Mais la décision est déjà prise : Aschenbach restera dans la ville jusqu'au départ de Tadzio qui signera sa mort. Ainsi, à la nouvelle du retour du jeune Polonais vers sa terre natale, l'écrivain allemand quitte ce monde et meurt, perdu une dernière fois dans la contemplation du jeune éphèbe.

JEUNESSE ET VIEILLESSE

La Mort à Venise est une réflexion profonde sur le passage du temps et la jeunesse qui mène irrémédiablement à la vieillesse. Aschenbach se trouve à un moment de sa vie où le passage des années commence à l'affecter, comme il le fait subtilement comprendre au fil de la narration. C'est peut-être la raison pour laquelle s'éveille en lui ce désir brutal de voyager, de sortir de la routine et de profiter du temps d'une autre manière.

L'une des images les plus inquiétantes du récit est celle de la rencontre avec le vieillard à bord du bateau pour Venise. Durant ce court passage, Aschenbach ressent du dégoût à la vue des tentatives du vieillard masquer sa décrépitude : le maquillage, le dentier et la perruque constituent un piètre déguisement qui ne parvient pas à tromper l'écrivain. Ce dernier est d'ailleurs très étonné de constater que personne d'autre ne semble y prêter attention.

> « Ceux-ci ne sentaient-ils point la sénilité de leur ami ? Cela ne les choquait-il pas de le voir s'habiller de fantaisie, rechercher leurs élégances et se faire passer pour un des leurs ? Mais on eût

dit qu'ils l'acceptaient tout naturellement parmi eux, qu'ils en avaient l'habitude ; ils ne faisaient pas de différence entre eux et lui, répondaient sans répugnance à ses coups de coude et à ses plaisanteries. » (MANN (T), *La Mort à Venise*, chapitre III)

Le vieillard termine le trajet saoul, incapable de suivre le rythme des jeunes voyageurs de Pula et se couvre de ridicule à bord du bateau. Peut-être pouvons-nous voir un sens symbolique caché au fait que ce soit précisément lui qui souhaite la bienvenue à Aschenbach et lui souhaite un bon séjour dans la ville. Cet homme aura un immense impact sur l'écrivain qui, à son arrivée dans sa chambre d'hôtel, pense toujours à lui. Il oublie cependant rapidement tout de cette rencontre à la vue du jeune Tadzio.

Le jeune Polonais représente donc la beauté de la jeunesse. Les magnifiques descriptions que fait Mann de ce préadolescent rieur rend compte de la valeur que devait avoir à ses yeux, ou à ceux d'Aschenbach, la vigueur et la vitalité de la jeunesse. Toutefois, la santé de Tadzio est fragile comme le laisse entendre l'auteur lorsqu'il décrit la pâleur de sa peau et l'émail déjà terni de ses dents. Aschenbach répète à plusieurs reprises que le jeune garçon mourra jeune, qu'il ne connaitra pas la vieillesse. L'écrivain espère peut-être secrètement que ce destin soit le sien, qu'il vive avec la chance de quitter ce monde encore jeune et fort.

L'une des scènes les plus spectaculaires et qui acquiert encore plus d'importance à la lumière de la narration se déroule à la fin du récit, lorsqu'Aschenbach se rend chez le coiffeur de l'hôtel. S'ensuit alors une inquiétante conversation à propos des vertus de la jeunesse. Le coiffeur l'invite à récupérer sa jeunesse perdue grâce à la supercherie du maquillage. Il lui teint les cheveux, lui couvre le visage de pommade et de poudre et termine par offrir au vieux voyageur un nouveau style, plus jeune, qui observe cette transformation avec excitation. Après avoir déployer tous ses talents de maquilleur sur Aschenbach, le coiffeur invite ce dernier à sortir et séduire. L'écrivain, sans le réaliser, est devenu le vieillard qu'il abhorrait lors de son arrivée dans la ville. Ce sont Venise et Tadzio qui l'ont séduit et mené vers cette transformation. Assis seul sur une place vide, maquillé et faussement rajeuni, Aschenbach évoque alors *Phédon*, le dialogue platonicien qui traite de la beauté et de la jeunesse.

PISTES DE RÉFLEXION

QUELQUES QUESTIONS POUR APPROFONDIR SA RÉFLEXION...

- Vers la fin du roman, Aschenbach parcourt les rues de Venise dans un délire dû à la fièvre. Comment peut-on l'interpréter à la lumière de sa transformation morale ?
- Pourquoi Aschenbach compare-t-il Tadzio à Éros ? Quelle est la symbolique que cache cette comparaison ?
- Aschenbach ne parviendra jamais à toucher le jeune Polonais, en quoi est-ce important ?
- Pensez-vous que l'étranger du cimetière, le vieillard du bateau, le gondolier et le musicien de rue soient en réalité la même personne ? Justifiez votre réponse.
- Que symbolisent les bateaux dans le roman ?
- Aschenbach meurt-il heureux ?
- Que représentent les personnages aux cheveux roux dans le roman ? Justifiez votre réponse.

Votre avis nous intéresse !
Laissez un commentaire sur le site de votre
librairie en ligne
et partagez vos coups de cœur sur les réseaux
sociaux !

POUR ALLER PLUS LOIN

ÉDITION DE RÉFÉRENCE

- MANN T., *La Mort à Venise*, Paris, République des Lettres, 2014, 110 p.

ÉTUDES DE RÉFÉRENCE

- García Cueto P., *La muerte en Venecia: el arte, el deseo y la muerte. De Thomas Mann a Visconti*, 11 septembre 2014, consulté le 15 mars 2017, http://www.fronterad.com/?q=muerte-en-venecia-arte-deseo-y-muerte-thomas-mann-a-visconti

- Trias E., *Conocer Thomas Mann y su obra*, Barcelone, Dopesa, 1978

Retrouvez notre offre complète sur lePetitLittéraire.fr

- des fiches de lectures
- des commentaires littéraires
- des questionnaires de lecture
- des résumés

ANOUILH
- Antigone

AUSTEN
- Orgueil et Préjugés

BALZAC
- Eugénie Grandet
- Le Père Goriot
- Illusions perdues

BARJAVEL
- La Nuit des temps

BEAUMARCHAIS
- Le Mariage de Figaro

BECKETT
- En attendant Godot

BRETON
- Nadja

CAMUS
- La Peste
- Les Justes
- L'Étranger

CARRÈRE
- Limonov

CÉLINE
- Voyage au bout de la nuit

CERVANTÈS
- Don Quichotte de la Manche

CHATEAUBRIAND
- Mémoires d'outre-tombe

CHODERLOS DE LACLOS
- Les Liaisons dangereuses

CHRÉTIEN DE TROYES
- Yvain ou le Chevalier au lion

CHRISTIE
- Dix Petits Nègres

CLAUDEL
- La Petite Fille de Monsieur Linh
- Le Rapport de Brodeck

COELHO
- L'Alchimiste

CONAN DOYLE
- Le Chien des Baskerville

DAI SIJIE
- Balzac et la Petite Tailleuse chinoise

DE GAULLE
- Mémoires de guerre III. Le Salut. 1944-1946

DE VIGAN
- No et moi

DICKER
- La Vérité sur l'affaire Harry Quebert

DIDEROT
- Supplément au Voyage de Bougainville

DUMAS
• Les Trois
  Mousquetaires

ÉNARD
• Parlez-leur
  de batailles,
  de rois et
  d'éléphants

FERRARI
• Le Sermon sur la
  chute de Rome

FLAUBERT
• Madame Bovary

FRANK
• Journal
  d'Anne Frank

FRED VARGAS
• Pars vite et
  reviens tard

GARY
• La Vie devant soi

GAUDÉ
• La Mort du
  roi Tsongor
• Le Soleil des
  Scorta

GAUTIER
• La Morte
  amoureuse
• Le Capitaine
  Fracasse

GAVALDA
• 35 kilos d'espoir

GIDE
• Les
  Faux-Monnayeurs

GIONO
• Le Grand
  Troupeau
• Le Hussard
  sur le toit

GIRAUDOUX
• La guerre de
  Troie
  n'aura pas lieu

GOLDING
• Sa Majesté des
  Mouches

GRIMBERT
• Un secret

HEMINGWAY
• Le Vieil Homme
  et la Mer

HESSEL
• Indignez-vous !

HOMÈRE
• L'Odyssée

HUGO
• Le Dernier Jour
  d'un condamné
• Les Misérables
• Notre-Dame
  de Paris

HUXLEY
• Le Meilleur
  des mondes

IONESCO
• Rhinocéros
• La Cantatrice
  chauve

JARY
• Ubu roi

JENNI
• L'Art français
  de la guerre

JOFFO
• Un sac de billes

KAFKA
• La Métamorphose

KEROUAC
• Sur la route

KESSEL
• Le Lion

LARSSON
• Millenium I. Les
  hommes qui
  n'aimaient pas
  les femmes

LE CLÉZIO
• Mondo

LEVI
• Si c'est un
  homme

LEVY
• Et si c'était vrai…

MAALOUF
• Léon l'Africain

MALRAUX
- La Condition humaine

MARIVAUX
- La Double Inconstance
- Le Jeu de l'amour et du hasard

MARTINEZ
- Du domaine des murmures

MAUPASSANT
- Boule de suif
- Le Horla
- Une vie

MAURIAC
- Le Nœud de vipères

MAURIAC
- Le Sagouin

MÉRIMÉE
- Tamango
- Colomba

MERLE
- La mort est mon métier

MOLIÈRE
- Le Misanthrope
- L'Avare
- Le Bourgeois gentilhomme

MONTAIGNE
- Essais

MORPURGO
- Le Roi Arthur

MUSSET
- Lorenzaccio

MUSSO
- Que serais-je sans toi ?

NOTHOMB
- Stupeur et Tremblements

ORWELL
- La Ferme des animaux
- 1984

PAGNOL
- La Gloire de mon père

PANCOL
- Les Yeux jaunes des crocodiles

PASCAL
- Pensées

PENNAC
- Au bonheur des ogres

POE
- La Chute de la maison Usher

PROUST
- Du côté de chez Swann

QUENEAU
- Zazie dans le métro

QUIGNARD
- Tous les matins du monde

RABELAIS
- Gargantua

RACINE
- Andromaque
- Britannicus
- Phèdre

ROUSSEAU
- Confessions

ROSTAND
- Cyrano de Bergerac

ROWLING
- Harry Potter à l'école des sorciers

SAINT-EXUPÉRY
- Le Petit Prince
- Vol de nuit

SARTRE
- Huis clos
- La Nausée
- Les Mouches

SCHLINK
- Le Liseur

SCHMITT
- La Part de l'autre
- Oscar et la
  Dame rose

SEPULVEDA
- Le Vieux qui
  lisait des romans
  d'amour

SHAKESPEARE
- Roméo et Juliette

SIMENON
- Le Chien jaune

STEEMAN
- L'Assassin
  habite au 21

STEINBECK
- Des souris et
  des hommes

STENDHAL
- Le Rouge et
  le Noir

STEVENSON
- L'Île au trésor

SÜSKIND
- Le Parfum

TOLSTOÏ
- Anna Karénine

TOURNIER
- Vendredi ou
  la Vie sauvage

TOUSSAINT
- Fuir

UHLMAN
- L'Ami retrouvé

VERNE
- Le Tour
  du monde
  en 80 jours
- Vingt mille
  lieues sous
  les mers
- Voyage au
  centre de
  la terre

VIAN
- L'Écume des jours

VOLTAIRE
- Candide

WELLS
- La Guerre des
  mondes

YOURCENAR
- Mémoires
  d'Hadrien

ZOLA
- Au bonheur
  des dames
- L'Assommoir
- Germinal

ZWEIG
- Le Joueur
  d'échecs

ISBN version numérique : 9782808003445
ISBN version papier : 9782808003452

Dépôt légal : D/2017/12603/702

Conception numérique : Primento,
le partenaire numérique des éditeurs.

Ce titre a été réalisé avec le soutien de la Fédération Wallonie-Bruxelles, Service général des Lettres et du Livre.